Mike Blankenberg

Wer Wind sät, wird Streit ernten

Konfliktlösung bei Windenergieanlagenbetreibern

Blankenberg, Mike: Wer Wind sät, wird Streit ernten. Konfliktlösung bei Windenergieanlagenbetreibern, Hamburg, Bachelor + Master Publishing 2016
Originaltitel: Konfliktmanagement zwischen Windkraftanlagenbetreibern und den Beteiligten. Sind außergerichtliche Streitschlichtungsmöglichkeiten erfolgsversprechend?

Buch-ISBN: 978-3-95993-032-1
PDF-eBook-ISBN: 978-3-95993-532-6
Druck/Herstellung: Bachelor + Master Publishing, Hamburg, 2016
Zugl. Universität Potsdam, Potsdam, Deutschland, Seminararbeit, Mai 2016

Bibliografische Information der Deutschen Nationalbibliothek:
Die Deutsche Nationalbibliothek verzeichnet diese Publikation in der Deutschen Nationalbibliografie; detaillierte bibliografische Daten sind im Internet über http://dnb.d-nb.de abrufbar.

Das Werk einschließlich aller seiner Teile ist urheberrechtlich geschützt. Jede Verwertung außerhalb der Grenzen des Urheberrechtsgesetzes ist ohne Zustimmung des Verlages unzulässig und strafbar. Dies gilt insbesondere für Vervielfältigungen, Übersetzungen, Mikroverfilmungen und die Einspeicherung und Bearbeitung in elektronischen Systemen.

Die Wiedergabe von Gebrauchsnamen, Handelsnamen, Warenbezeichnungen usw. in diesem Werk berechtigt auch ohne besondere Kennzeichnung nicht zu der Annahme, dass solche Namen im Sinne der Warenzeichen- und Markenschutz-Gesetzgebung als frei zu betrachten wären und daher von jedermann benutzt werden dürften.

Die Informationen in diesem Werk wurden mit Sorgfalt erarbeitet. Dennoch können Fehler nicht vollständig ausgeschlossen werden und die Diplomica Verlag GmbH, die Autoren oder Übersetzer übernehmen keine juristische Verantwortung oder irgendeine Haftung für evtl. verbliebene fehlerhafte Angaben und deren Folgen.

Alle Rechte vorbehalten

© Bachelor + Master Publishing, Imprint der Diplomica Verlag GmbH
Hermannstal 119k, 22119 Hamburg
http://www.bachelor-master-publishing.de, Hamburg 2016
Printed in Germany

A. Inhaltsverzeichnis

Abkürzungsverzeichnis VI
Abbildungsverzeichnis VI

1 Einführung 7
    1.1 Relevanz des Themas 7
    1.2 Zielsetzung und Problemstellung des Themas 8

2 Konfliktarten und –parteien 9
    2.1 Grundsätzliche Konfliktarten und Konflikte bei Erneuerbaren Energien 9
        2.1.1 Sachkonflikte 9
        2.1.2 Wert- und Grundsatzkonflikt 10
        2.1.3 Verteilungskonflikt 10
        2.1.4 Beziehungskonflikt 10
        2.1.5 Strategiekonflikt 11
    2.2 Konfliktparteien und deren Interessensschwerpunkte 11
        2.2.1 Windkraftanlagenbetreiber 12
        2.2.2 Grundstückseigentümer 13
        2.2.3 Bürger aus der Region 13
        2.2.4 Bürger aus Deutschland 15
        2.2.5 Behörden 16

3 Bisherige gerichtliche Auseinandersetzung in Deutschland 17

4 Grundlagen der Mediation als im Streitschlichtungsverfahren 19
    4.1 Stakeholdermediation 21
    4.2 Konflikteskalation nach F. Glasl 22

5. Ergebnis mit Handlungsempfehlung 25

B. Quellenverzeichnis 27

Abkürzungsverzeichnis

BGB	Bürgerliches Gesetzbuch
BWE	Bundesverband Windenergie
CARMEN	Centrales Agrar- Rohstoff- Marketing und Energie-Netzwerk
d.h.	dass heißt
EEG	Gesetz für den Ausbau erneuerbarer Energien
GbR	Gesellschaft bürgerlichen Rechts
GmbH	Gesellschaft it beschränkter Haftung
GmbH & Co. KG	Gesellschaft mit beschränkter Haftung und Kommanditgesellschaft
MW	Megawatt
p.a.	per anno
SH	Schleswig-Holstein

Abbildungsverzeichnis

Abbildung 1: Mediation- gegen Gerichtsverfahren 8
Abbildung 2: Konfliktarten 9
Abbildung 3: Zustimmung zu Anlagen erneuerbarer Energien in der Umgebung des eigenen Wohnortes 15
Abbildung 4: Konfliktfelder bei erneuerbaren Energien 16
Abbildung 5: Regionale Wertschöpfungskette 20
Abbildung 6: Konflikteskalation nach Friedrich Glasl 22
Abbildung 7: Mediation als Konfliktlösungsmöglichkeit 26

1 Einführung

Zu Beginn dieser Seminararbeit wird die Relevanz des Themas dargestellt und die Zielsetzung und Problemstellung aufgezeigt. Im Hauptteil der Arbeit werden die Konfliktarten mit Bezug auf erneuerbare Energien beschrieben. Mögliche Konfliktlösungsstrategien werden im nachfolgenden Kapitel auf ihre Anwendbarkeit geschildert und abschließend im Ergebnis festgehalten.

1.1 Relevanz des Themas

Es ist unbestritten, dass die Energiewende wenn Anlagen erneuerbarer Energien errichtet bzw. betrieben werden. Der Windenergie und somit den Windkraftanlagen kommt hierbei eine tragende Rolle zu (Blankenberg 2016, S. 57-58) Der Ausbau der Netze, aber auch der Windkraftparks sowie die Erneuerung kleinerer Anlagen bzw. ihr Ersatz durch größere, sogenannte Reengineering ist notwendig. Der Rückhalt in der Bevölkerung ist gegeben: 94 Prozent der Bevölkerung sehen den Nutzen und den Ausbau als wichtig oder sogar außerordentlich wichtig an. (CARMEN, 2014) Trotz dieses Rückenwindes aus der Bevölkerung bestehen immer wieder Konflikte zwischen den Anlagenbetreiber - den Anteilseigner und Investoren - den anderen Beteiligten, die unterschiedliche Interessen verfolgen. Bislang ließen sich Konflikte in der Mehrzahl der Fälle zwar mit teuren, langwierigen und nicht unumstrittenen Urteilen entscheiden, aber nicht tatsächlich lösen.

Hier könnte die Mediation als außergerichtliche Streitschlichtungsverfahren ein Weg sein, einen Konsens zu erreichen und Kosten zu sparen und möglichst viel von beiden Interessen zu verwirklichen. Wie in Abbildung 1 ersichtlich, erhält das Mediationsverfahren gegenüber den Gerichtsverfahren einen deutlichen Zuspruch aller Befragten.

Abbildung 1: Mediation- gegen Gerichtsverfahren

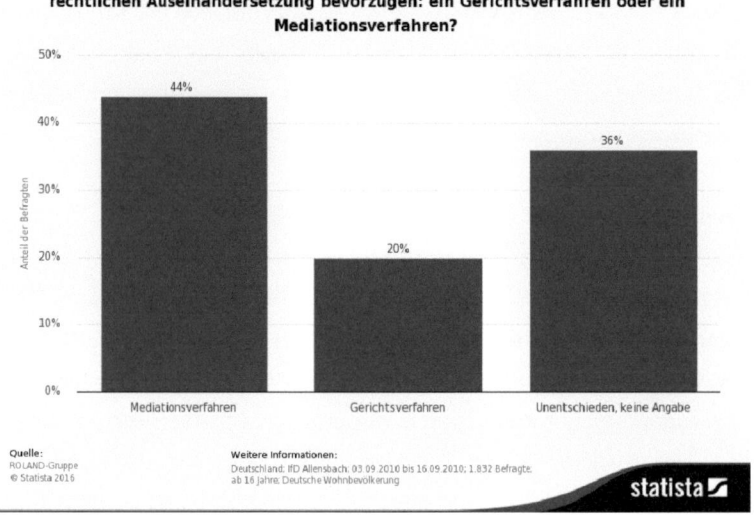

[Quelle: Statista, 2016.]

1.2 Zielsetzung und Problemstellung des Themas

Die Zielsetzung dieser Seminararbeit ist das Herausstellen der vorhandenen Konfliktfelder und des Aufzeigen unterschiedlicher Interessenschwerpunkte mit aktuellen Beispielen zu festgefahrenen und eskalierten Situationen. Im Kern dieser Arbeit wird die Anwendbarkeit des Mediationsverfahrens nach Friedrich Glasl und des Stakeholderverfahrens auf diese Konfliktherde geprüft und eine Handlungsempfehlung anvisiert.

2 Konfliktarten und –parteien

Zur Beurteilung der Lage ist eine Konfliktdiagnose zweckmäßig. Dieses gestaltet sich nicht unbedingt einfach, da zahlreiche Konflikte im Anfangsstadium nicht offen ausgetragen werden, aber bereits Symptome wie Streit, Ärger, Feindseligkeit oder aber auch nur Desinteresse und übergroße Formalität aufweisen können.

2.1 Grundsätzliche Konfliktarten und Konflikte bei Erneuerbaren Energien

Die Konfliktarten werden subjektiv unterschiedlich aufgefasst und beinhalten unterschiedliches Konfliktpotential. Je nach Variante der Konfliktart, der Wahrnehmung der Symptome der Konfliktparteien entstehen unterschiedliche Konfliktherde. Eine einheitliche Anwendung einer Konfliktlösungsmöglichkeit erscheint aufgrund zahlreicher Ausgangsparameter und variabler Lösungsansätze daher nahezu utopisch. Abbildung 2 stellt die Konfliktarten übersichtlich dar. Nachfolgend werden die Konflikte mit Blick auf Erneuerbare Energien beleuchtet.

Abbildung 2: Konfliktarten

[Quelle: CARMEN, 2014]

2.1.1 Sachkonflikte

Sachkonflikte beinhalten Zielkonflikte, deren unterschiedliche angestrebte Wege zur Zielerreichung zugrunde liegen. Diese unterschiedlichen Vorstellungen vom Ergebnis können in der Qualität oder Eigenschaft eines Produktes oder einer Vorgehensweise begründet liegen. So auch beispielsweise bei einer Anlage zur Erzeugung erneuerbarer Energien. Ursächlich sind hierbei häufig eine hohe Diskrepanz zwischen Planung und Ausführung. Bedingt durch den hohen Zeitdruck, Informationsdefizite oder eine eingeschränkte Kommunikation und mangelnde Transparenz entstehen Missverständnisse.

2.1.2 Wert- und Grundsatzkonflikt
Gänzlich im Gegensatz dazu steht der Wert- und Grundsatzkonflikt, der nicht das Ergebnis zum Gegenstand des Konfliktes hat sondern, wenn auch latent in der Erscheinung, unterschiedliche Gerechtigkeits- und Wertvorstellungen. So ist es diskussionswürdig, ob fruchtbareres Ackerland für den Anbau von Rapspflanzen zur Energiegewinnung statt zur Nahrungsmittelproduktion genutzt werden sollten und landwirtschaftliche Freifläche Platz für Photovoltaikanlagen bieten sollte. Dies ist immer wieder Thema für moralische Diskussionen, wird hier aber nicht weiter vertieft.

2.1.3 Verteilungskonflikt
Besteht ein Verteilungskonflikt sind unterschiedliche Vorstellungen mit Blick auf die Verteilung von materiellen oder auch immateriellen Gütern wie Risiko und Haftung oder die Verwendung von finanziellen Ressourcen der Stein des Anstoßes. Hinsichtlich erneuerbaren Energien stehen sich die Investoren und die Stakeholder gegenüber: Während die Investoren einen positiven Nutzen erzielen, verbleiben die Externalitäten mit ihren Auswirkungen und Einschränkungen bei den Stakeholdern, die beispielsweise als Anwohner von Windkraftanlagenparks, am spürbarsten betroffen sind. (Blankenberg 2016, S. 17-19)

2.1.4 Beziehungskonflikt
Beziehungskonflikte liegen im Zwischenmenschlichen begründet, die sich unter Umständen über lange Zeiträume entwickeln konnten. Der Ausbruch der Konflikteskalation kann zusätzlich Sachkonflikte entstehen lassen. Ein Erkennen solch einer Konfliktbeziehung bei diesem Thema setzt eine Kenntnis der persönlichen Beziehungen der Interessensgruppen voraus, deren Vorhandensein möglich sein mag. Darstellungen hierzu können mannigfaltig, aber häufig

latent in Erscheinung treten. Aufgrund der Komplexität von Beziehungskonflikten werden diese in dieser Seminararbeit nicht näher untersucht.

2.1.5 Strategiekonflikt

Ein Strategiekonflikt l vor, wenn zwar das gleiche Ziel erreicht werden soll, aber die Strategie, dieses Ziel zu erreichen von den Konfliktgruppen unterschiedlich definiert wird. Wie anfangs beschrieben, steht es außer Frage, dass die Energiewende mit ihren Zielen erreicht werden soll. Bei diesem Konflikt lässt sich das sog. Sankt-Florian-Prinzip[1] verwenden, die Mehrheit stimmt der Energiewende zu, wie sie umgesetzt wird ist jedoch strittig und bestimmte Energieerzeugungsformen wie Windkraft oder Biomasse oder auch nur der Netzausbau werden teilweise abgelehnt. (CARMEN, 2014)

2.2 Konfliktparteien und deren Interessensschwerpunkte

Dass die Windenergie von Vorteil ist beschreibt der Bundesverband Windenergie mit folgenden Argumenten: Jeder profitiert von der Windenergie, allein in Schleswig-Holstein wird durch Windkraft erzeugter Strom ein Gegenwert von 500 Millionen Euro p.a. erwirtschaftet. Daraus resultieren Gewerbesteuereinnahmen von mehr als 60 Millionen Euro p.a. Diese Gewerbesteuererträge sind Haupteinnahmen, die den Gemeinden und Kommunen insbesondere in den strukturschwachen Agrarregionen zufließen. In der Windenergiebranche bestehen in unterschiedlichsten Bereichen Arbeitsplätze. In Schleswig-Holstein allein liegt der Anteil bei 9.000 Arbeitsplätzen Damit stärkt die Branche segmentiv den modernen Technologiestandort für erneuerbare Energie. Vor 25 Jahren ist in Nordfriesland der erste deutsche Bürgerwindpark entstanden, dieser gilt als Pionier in im Bereich der Windenergie, nicht nur technisch, ökologisch und ökonomisch, sondern auch mit der Form der gesellschaftsrechtlichen Beteiligung der Bürger an einem Windenergiepark. (BWE Landesverband SH)
Die Windenergie als tragende Säule der erneuerbaren Energien ist sicherer, ökologisch effektiv und ökonomisch und trägt maßgeblich zum Gelingen der Energiewende bei. Auch zukünftig spielt die Energieerzeugungsform in Verbin-

---

[1] Das hier auftretende Phänomen ist als das Sankt-Florians-Prinzip bekannt: „Heiliger Sankt Florian, verschon' mein Haus, zünd' andre an!":

dung mit Einspeicherungsmöglichkeiten eine wichtige Rolle, beispielsweise bei Mobilität und bei Wärme. (Blankenberg, 2016, S.33-34)
Bei all den idealen Zielen gibt es jedoch unterschiedliche Interessensgruppen mit dem nachfolgend aufgeführten Konfliktpotential:

2.2.1 Windkraftanlagenbetreiber

Hierbei ist zu unterscheiden zwischen den Anteilseigner als beteiligte Gesellschafter der Unternehmung sowie der geschäftsführenden Gesellschafter einer Beteiligung. Je nach Gestaltungsform der Rechtsform der Gesellschaft handelt es sich bei den Beteiligten um die Investoren oder Investorengruppe deren primäres Unternehmensziel in der Steigerung des Shareholder Values liegt. Handelt es sich im Gegenteil dazu um Investoren, die als Betroffene aus der Region stammen, so steht das Wertsteigerungsinteresse nicht zwangsläufig alleine im Fokus. Grundsätzlich sind das Unternehmerrisiko, die Haftungsgestaltung und die Bindung des eingesetzen Kapitals für das Interesse der Wertschöpfung zu berücksichtigen. Das Risiko des Gewinnausfalls im Konfliktfall liegt beim Anteilseigner, denn im Zweifel der Eskalation trägt er das finanzielle Risiko der Nichtrealisierung des Windparkprojektes.

Eine konstituierende Entscheidung stellt die Wahl der Rechtsform dar. Nicht nur aus gesellschaftsrechtlicher Sicht, sondern auch hinsichtlich der Konfliktprävention. So stellt eine GbR/BGB-Gesellschaft keine empfehlenswerte Rechtsform dar, denn mit einer gewissen Fluktuation der Gesellschafter folgende aufwändige Anpassungen im GbR- Vertrag und Korrekturen im GbR-Register. Die populäre Form der GmbH & Co KG stellt dieses gesellschaftsrechtlich in einem handlicheneren Umfang dar, jedoch ist dieses doch sehr konfliktträchtig. Bei dieser Gesellschaftsform werden Mitbestimmungsrechte, nicht nach Mehrheiten gefällt. Hierbei hat nicht jedes Mitglied das gleiche Stimmrecht, sondern es erfolgt eine Quote nach Kapitalanteile. Die Wahl für ein Genossenschaftsmodell gilt als besonders demokratisch. Jedes Mitglied erhält unabhängig von der Beteiligungshöhe nur eine Stimme welche in der Generalversammlung abgegeben wird. Dies verhindert eine Dominanz von Mehrheitseignern. Zudem können viele Interessierte aktiv am Entscheidungsprozess beteiligt werden, während das finanzielle Risiko der Beteiligten in der Regel auf ihre Einlage begrenzt bleibt.

Damit ein Zugang zu dieser Gestaltungsform auch realistisch und bürgernah ist darf die Mindesteinlage nicht zu hoch festgesetzt werden. Indirekten Beteiligungsmodellen, Mehrheitsbeteiligungen oder Genussrechtslösungen kommen einer fairen Beteiligung nicht nach. (EnergieAgentur.NRW GmbH, 2014)

2.2.2 Grundstückseigentümer

Die Interessen der Eigentümer von Grund und Boden decken sich im Normalfall mit den Interessen der Windkraftanlagenbetreiber, da diese an der Ertragskraft partizipieren. Je nach Vertragsgestaltung wird mit ihnen eine Pachtzahlung und / oder eine erfolgsabhängige Beteiligung an der Einspeisevergütung vereinbart. Diese Verträge sind ebenfalls konfliktträchti: Besonders im Hinblick auf Verteilunsgkonflikte kann hier bei der Vertragsgestaltung ein deutliches Missverhältnis zwischen der Pachtzahlung einerseits und der Ertragssituation der Anlage andererseits bestehen. Insbesondere wenn eine Verlustbeteiligung bei Mindererträgen üblicherweise mitverhandelt wird. Eskalieren kann die Beziehung zwischen den Parteien insbesondere dann, wenn keine finanzielle Beteiligung zwischen Grundstückseigentümer der angrenzenden Anlagenbetreibern bestehen, vor allem wenn die Erstgenannten den negativen Effekten wie Lärm, verminderte Aussicht oder Schattenwurf ausgesetzt sind. Gleiches gilt auch für die Betroffenen im Netzausbau, deren Leitungsausbau durch Hochspannmasten vergleichbare Konflikte auslöst.

2.2.3 Bürger aus der Region

Ein wichtiger Baustein in der Akzeptanz der Windenergiegewinnung ist die Sichtweise der Bürger. Wird der Strom und die Wärme selber produziert, ist die Zustimmung für den Umbau des Energiesystems größer. Die Beteiligung ist unterschiedlich: Sie reicht von einer indirekten Beteiligung mit Mitwirkung, Mitbestimmungs- und Informationsrechten bei der Planung bis zu einer direkten finanziellen Beteiligung. Jedoch ist der Begriff Bürgerwindpark kein geschützter Begriff, so dass sich auch reine bürgerferne Investorengruppen dieses Begriffs bedienen können und auf diese Weise Konfliktpotential durch Intransparenz und Verteilungskonflikte erzeugen (EnergieAgentur.NRW GmbH, 2014).

Bemerkenswert ist in Abbildung 3 die Zustimmung zu Anlagen: Getreu dem St. Florian-Prinzip werden Anlagen zur Gewinnung erneuerbarer Energien gegenüber den fossilen Energieträgern sehr wohl bevorzugt, aber wenn es um den Errichtungsstandort in der eigenen Grundstücksnähe geht, ist die Abneigung groß (CARMEN, 2014).

Der Wunsch Einzelner formiert sich mittels einer Gruppe zur Willensbildung einer Idee. Vorstellungen und Meinungen werden durch die Bildung von Interessensgruppen in die Öffentlichkeit kommuniziert. Diese stärkt ein Zugehörigkeitsgefühl und der Identifikation mit dem eigenen Umfeld z. Bsp. durch Verbände und Vereine. Die Förderung der lokalen bzw. kommunalen Zusammenarbeit erfolgt durch aktive Zukunftsmitgestaltung der beteiligten Bürger und beteiligten Gruppen und Stärkung des Profils. Dieses entwickelt sich zu keiner unbeachtlichen Gruppenstärke und schafft Kraft mögliche Konflikte auch auszutragen und eine gewichtige Rolle zu tragen.

Abbildung 3: Zustimmung zu Anlagen erneuerbarer Energien in der Umgebung des eigenen Wohnortes

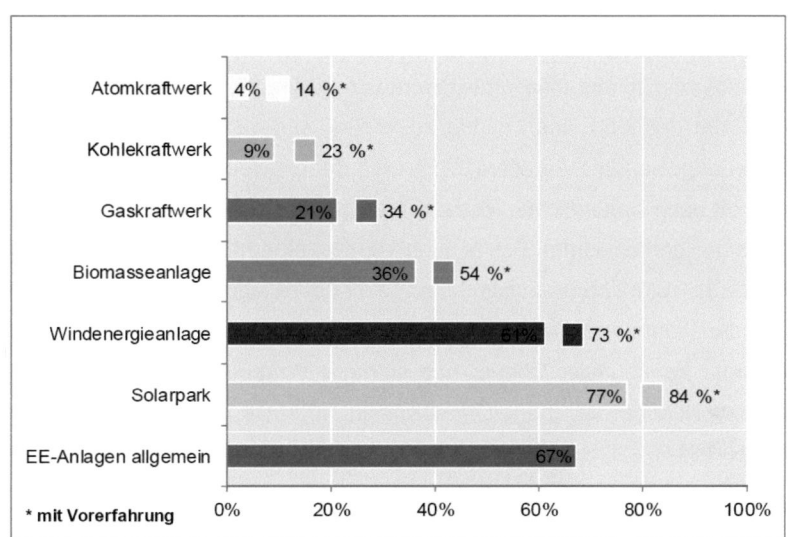

Zustimmung zu Anlagen Erneuerbarer Energien in der Umgebung des eigenen Wohnortes (in Anlehnung an AEE 2012 [5], Daten basierend auf eine Umfrage von TNS Infratest 2012, 3.798 Befragte, im Auftrag der AEE, Stand 10/2012)

[Quelle: Carmen, 2014, Umfrage von TNS Infratest 2012, 3798 Befragte im Auftrag der AEE, Stand 10/2012]

2.2.4 Bürger aus Deutschland

Jeder Verbraucher und jeder Haushalt in der Bundesrepublik bildet gewissermaßen eine partielle Konfliktpartei. Denn als Stromkunde, deren Preis sich neben dem Arbeitspreis und dem Verbraucherpreis zusammensetzt, wird auch über die EEG-Umlage an der Preisgestaltung mitgewirkt. Somit besteht, allein durch die nicht durchgängig akzeptierte Preisgestaltung ein Konfliktpotential. Deutlich wird dieses durch die kontiuirlichen Preisanhebungen der letzten Jahre, welches nicht in der Summe aller Haushalte mitgetragen wird, deren Verständnis für die Art der Umlage und Finanzierung der erneuerbaren Energien demnach ausbleibt.

2.2.5 Behörden

Behörden sind bei der Projektplanung und an Genehmigungsverfahren beteiligt. Bei der Genehmigungsbewilligung kristallisieren sich teilweise Konflikte heraus, deren Beilegung häufig eine große Herausforderung für die Projektbeteiligten darstellt. Um dennoch eine Lösung zu finden, wird vielfach die Methode der Mediation angewendet. Vor allem im Bereich der Umweltverträglichkeitsprüfung wird sie oft nach behördlichen Verfahren eingesetzt. Eine mögliche Entlastung aufgrund der gemeinsamen Erarbeitung von Projekten führt zu einem geringeren Konfliktrisiko, da so die Einsprüchen und / oder Gegenbewegungen vermieden werden können. Zudem erwirkt die Förderung der Zusammenarbeit auf lokaler oder kommunaler Ebene eine stärkere Wahrnehmung der lokalpolitischen Entwicklungen durch die Öffentlichkeit und erzeugt so Transparenz eine. CARMEN, 2014).

Die Abbildung 4 stellt abschließend die potentiellen Konfliktfelder in einer Übersicht anschaulich dar.

Abbildung 4: Konfliktfelder bei erneuerbaren Energien

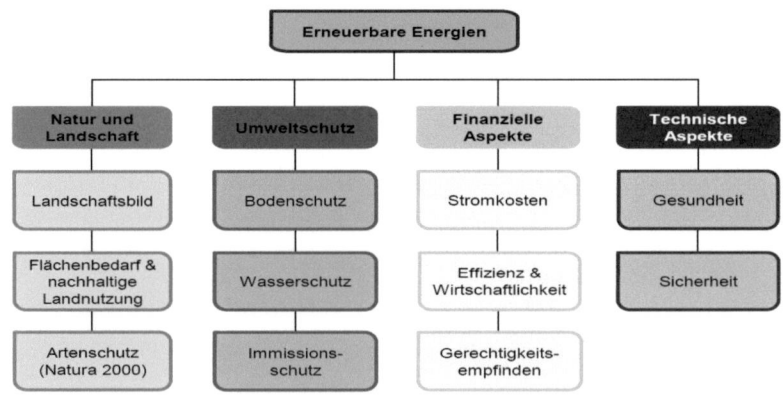

[Quelle: CARMEN, 2014]

3 Bisherige gerichtliche Auseinandersetzung in Deutschland

In der Medienlandschaft tauchen Zeichen der Eskalation immer wieder in den Berichterstattungen regionaler Tageszeitungen auf, beispielgebend werden einige zusammenfassend aufgezeigt:

Landkreis Fulda - Eskalationen seitens der Windkraftprojektierer
Schmalensee – Bei einer Zusammenarbeit mit der Gemeinde sehen Projektierer schwarz. Ein Ergebnis ist nicht mehr möglich
Ludwigsau – Einschüchterungen der Gegenpartei und Dienstaufsichtsbeschwerden gegenüber den beteiligten Behörden.
Ranzendorf – Jäger hätten mit den Waffen gedroht unter vorherigen Beschimpfungen
Beelitzer Fichtenwalde –kaputte Gartenstühle, Müllsäcke und das Schild mit der Aufschrift „Haus zu verkaufen" im Garten führte zu Erschütterungen der Windkraftgegener. Es endete mit einem zugemüllten Garten , so dass sich die betroffene Partei aus dem Aktivismus zurückzog. (Potsdamer Zeitungsverlagsgesellschaft mbH & Co KG, 2011).

Soweit Gerichte Entscheidungen zu fällen haben, führt dieses nicht zu einer Harmonisierung in dem Konflikt. Im Gegenteil. Eine Entscheidung ist zwar rechtlich durchsetzbar aber der Widerstand wird damit nicht gebrochen.
Am Beispiel Windpark Treisberg lässt sich erkennen, dass in kleinen Schritten eine Lösung herbeigeführt werden kann. Hier sind sich zerstrittene Konfliktparteien bei der Errichtung eines Windparks bereits nach einem ersten Mediationsgespräch nähergekommen. Es sollen drei Winkraftanlagen errichtet werden, die Bürgerinitiative Pferdskopf spricht sich gegen die Errichtung aus.

Ein Fachanwalt für Verwaltungsrecht leitet das Mediationsverfahren. Das Hauptthema der Diskussion war der Abstand der geplanten Windkraftanlagen zu den Siedlungen. Nach offenen und fairen Diskussionen konnte als ein Zwischenergebnis festgehalten werden, dass ein Siedlungsabstand von 1.000 Meter notwendig ist. Auch seitens der Politik hat der hessische Landtag eine Änderung des Landesentwicklungsplans beschlossen, wonach u.a. ein solcher Abstand zwingend einzuhalten ist. Nach diesem ersten Mediationstermin wird nun geprüft, ob trotz dieser Rahmenbedingungen noch eine wirtschaftliche Errichtung möglich ist. Das Ergebnis wird zusammengefasst und ist die Grundlage für das folgende Mediationsgespräch. Nach heutigem Stand kam es jedoch bisher zu keiner übereinstimmenden Vereinbarung, so dass die Konfliktsituation nach wie vor beständig ist. (Bürgeriniative gegen den geplanten Windpark auf dem Pferdskopf, 2011).

Ähnliche Entwicklungen lassen sich am Beispiel Alsfeld – Der Bürgeriniative Schöner Ausblick aufzeigen.

Hier verlief die Mediationssitzung soweit zufriedenstellend. Später wurden dann jedoch wesentliche Punkte nachträglich ergänzt. So wurde außerhalb des Mediationsverfahren von der Investorenpartei die Ergänzung hinzugefügt, dass eine Beeinträchtigung des Grund und Boden mit Schwermetallen hingenommen werden muss. Die Bürgeriniative fühlte sich nunmehr nicht mehr ernst genommen. Die Folge ist der Stillstand des Projektes. (Oberhessen-live.de, 2016).

4 Grundlagen der Mediation als im Streitschlichtungsverfahren

Damit eine außergerichtliche Einigung mittels eines Mediationsverfahren gelingen kann, bedarf es der Erfüllung folgender Anforderungen:
- Möglichst Einbeziehung aller Betroffenen
- Unterstützung durch eine/n oder mehrere allparteiliche, professionelle Mediatoren/Innen
- freiwillige Teilnahme
- Klärung des Ziels und der möglichen Ergebnisse vor dem eigentlichen Mediationsverfahrens
- Klar strukturiertes Verfahren
- Konstruktives Arbeitsklima und eigenverantwortliche Erarbeitung von Lösungsansätzen
- Mediationsvertrag als verbindliches Ergebnis

Die Erfüllung dieser Grundsätze sorgt für **Verfahrensgerechtigkeit**. Diese besteht, wenn der Ablauf des Projektes oder der Beteiligungsprozess von den Betroffenen als gerecht empfunden wird. Wenn Interessen, Bedürfnisse und Einwände berücksichtigt wurden und ausreichend Informationen über das Verfahren zur Förderung der Transparenz bereitgestellt wurden. Eine häufige Vorgehensweise ist jedoch die Präsentation in einer Informationsveranstaltung, die Durchführung der Planung und die abschließende Präsentation des Planungsvorhabens. Den Beteiligten wird die Teilhabe suggeriert, aber de facto wird ihnen die Rolle der Dialogzuschauer zugeteilt. (Netzwerk Bürgerbeteiligung) Eine **technologiebezogene** Akzeptanz besteht dann, wenn die grundsätzliche Einstellung gegenüber einer Erneuerbaren-Energien-Technologie, die zum einen durch Vorerfahrung mit den Technologien im eigenen Umfeld sowie durch die Massenmedien stark beeinflusst werden kann. Weiterhin bedarf es einer **Verteilungsgerechtigkeit**, ob die Kosten bzw. Lasten (zum Beispiel Landschaftsbild oder Lärmbelästigungen betreffend) und die Nutzen (zum Beispiel finanzielle Gewinne, Nutzung von Strom und Wärme) eines Projektes als gerecht verteilt empfunden werden. (CARMEN, 2014).

Ein Nutzen für das Gemeinwohl definiert sich durch Wertschöpfung aus den Nettogewinnen der beteiligten Unternehmen, dem Nettoeinkommen der beteiligten Beschäftigten sowie den an die Kommune gezahlten Einkommens- und Gewerbesteuern. Entscheidend sind weiterhin der Anteil von Fremd- und Eigenkapital, das Betreibermodell in der unterschiedlichen Gesellschaftsform sowie der Sitz der Betreibergesellschaft. Es zeigt sich, dass die regionale Wertschöpfung besonders dann sehr positiv ausfällt, wenn der Anteil an regionalem Eigenkapital hoch und die Betreibergesellschaft in der Region ansässig ist. Im Vergleich der Betreibermodelle zeigten Genossenschaften, also ein Modell mit einer großen Beteiligungsmöglichkeit, ein hohes Potenzial für regionale Wertschöpfung. An der Abbildung 5 lässt sich die regionale Wertschöpfungskette je nach Planungsphase ableiten.

Abbildung 5: Regionale Wertschöpfungskette

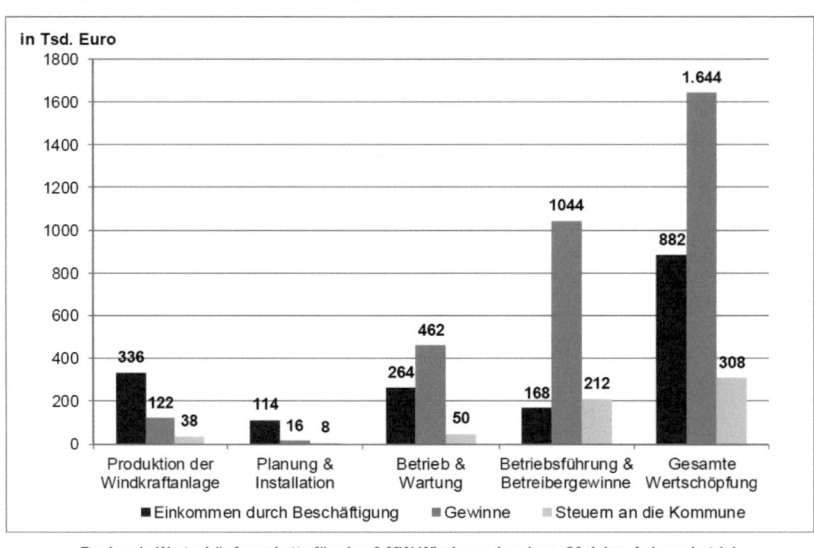

Regionale Wertschöpfungskette für eine 2-MW-Windenergieanlage, 20 Jahre Anlagenbetrieb
(Daten basierend auf IÖW 2010 [12])

[Quelle: Carmen, 2014]

Knapp ein Viertel der gesamten Wertschöpfungseffekte einer 2-MW-Windenergieanlage, etwa 634.000 Euro, stecken in der Produktion, der Planung und der Installation und können der Region als einmalige Effekte zugutekommen. Die restlichen 2,2 Mio. Euro der Wertschöpfungseffekte werden als jährliche Effekte aus dem Betrieb, der Wartung und dem Sitz des Anlagenbetreibers generiert. Für Kommunen sind insofern diese drei letzten Aspekte der Stufe Betrieb und Wartung sowie der Stufe Betriebsführung und Betreibergewinne attraktiv und ausschlaggebend, da das Zurückgreifen auf regionale Akteure in diesen Bereichen besonders leicht möglich ist. (CARMEN, 2014).

4.1 Stakeholdermediation

Klassischerweise finden Windenergiedialoge mit Beteiligung der Öffentlichkeit statt. Im Ergebnis werden diese jedoch von der Öffentlichkeit abgelehnt. Zwar verlief der Dialog erfolgreich, aber der Transfer misslang. Dies kann nur gelingen, wenn von vornherein sowohl die Shareholder/ Anteilseigner als auch die Beteiligten als Stakeholder dabei sind. Nicht nur als Zuhörer, sondern von Anbeginn mitgestaltend, so entsteht von Anfang an ein gemeinsamer Windenergiedialog.

Wechselseitige Legitimation ist grundlegende Voraussetzung für eine Stakeholderlegitimation, dass schafft Vertrauen und ein effektives Verzahnen der unterschiedlichen Standpunkte kann folgen. Diese Interessensvertreter bedürfen einer arbeitsfähigen Gruppe mit Motivation. Im Falle eines Konfliktes führt Mediation mit Perspektivwechsel zur Anerkennung der gegenseitigen Interessen.

Ein Runder Tisch für das Windparkvorhaben sollte demnach kontinuierlich nach der sogenannte Fish Bowl Methode arbeiten, d.h. dass es ein bis drei freie Plätze bei jedem Gesprächs- und Verhandlungstermin gibt, um die sich alle bewerben können. Diese können dann direkt der Diskussion folgen und auch, gleichberechtigt mit Vorschläge einbringen. Es geht um mehr als Offenheit und Transparenz. Ziel ist es, den Akteuren die Relevanz der Inhalte nahezubringen und somit für die breite Öffentlichkeit zugänglich zu machen. (Netzwerk Bürgerbeteiligung, 2015).

4.2 Konflikteskalation nach F. Glasl

Kurz beschrieben, befasst sich das Konfliktlösungsmodell nach Glasl mit der Aufteilung in sogenannte neun Konfliktphasen, die sich auf 3 Ebenen, der win/win- Ebene, der win/lose-Ebene und der lose/lose-Ebene wiederfinden. (siehe Abbildung 6)

Abbildung 6: Konflikteskalation nach Friedrich Glasl

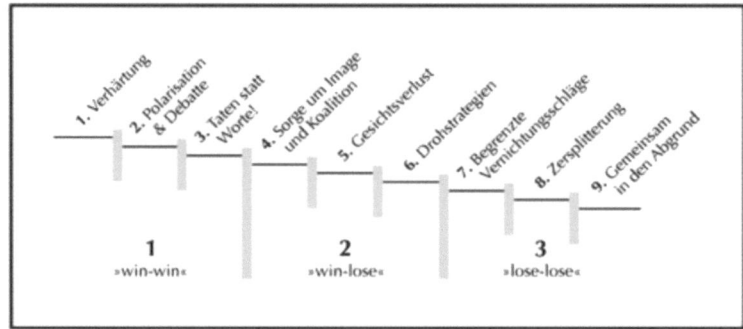

Konflikteskalation nach Glasl

[Quelle: Darstellung in Anlehnung an Glasl, 2010]

Am Beispiel der Windkraft lassen sich einige Phasen exemplarisch beschreiben:

Bei Phase eins reicht ein förmliches Verfahren um die Stufe der Verhärtung zu erreichen. Man kann davon ausgehen, dass individuelle Verhärtungen soweit möglich im behördlichen Verfahren aufgefangen werden können. Dies ist nicht flächendeckend möglich, aber die Konsequenzen hieraus bleiben begrenzt und können durch Informationsmaßnahmen abgemildert werden.

In der Phase zwei werden die Debatten im Fühlen und Denken polarisiert, es entsteht ein Schwarz-Weiß-Denken. Die beschriebenen Schlagzeilen aus Kapitel drei zeigen deutliche Beispiele für Stufe drei, die sich durch Aktionen auszeichnet. Reden wird als wirkungslos wahrgenommen und eine Strategie der vollendeten Tatsachen scheint erfolgversprechend für Konfliktparteien zu sein. Die Kommunikation ist hierbei grundlegend gestört. Die Gefahr der Konfliktausweitung ist groß. Bislang Unbeteiligte werden dann zu Konfliktparteien, wenn das Gefühl entsteht, dass relevante Fragen unbeantwortet bleiben und dass legitime Forderungen ignoriert werden. Information und Austausch helfen dabei, wieder ins Gespräch zurückzuführen. Die bislang Unbeteiligten müssen erkennen, dass ein Gespräch auf Augenhöhe stattfinden muss, damit Verständnis und Verständigung wieder zunehmen kann.

Auf der Ebene zwei weisen sich die Konfliktparteien gegenseitig eine negative Rolle z.B. indem die Gerüchteküche angeheizt wird. Ein Gesichtsverlust für die gegnerische Partei kann durch direkte oder indirekte Angriffe wirkungsvoll herbeigeführt werden der in Drohungen, Gegendrohungen und Aufstellen von Ultimaten gipfelt. Handelt es sich um einen öffentlichkeitswirksamen Konflikt, gilt er ab dieser Stufe als eskaliert. Repräsentanten treten auf, die Medien berichten darüber und die Politik muss reagieren. Spätestens jetzt sollte der Mediator auf eine Kooperation oder gar eine Einigung hinwirken, um angesichts von Koalitionen, Drohungen oder ersten Gewalthandlungen noch befriedend wirken zu können. Hier ist der Zeitpunkt, zu dem spätestens Empfehlungen oder Vereinbarungen getroffen werden müssen wie sich die Parteien entgegenkommen wollen. (Bundesumweltportal, 2015).

Alle Phasen der Ebene drei zeichnen sich dadurch aus, das der Gegner nicht mehr als Mensch wahrgenommen wird. In der ersten Ebene können beide Konfliktparteien noch gewinnen (win-win). In der zweiten Ebene verliert eine Partei, während die andere gewinnt (win-lose) und in der dritten Ebene verlieren beide Parteien (lose-lose). Stellt sich heraus, dass die gegenwärtige Lage der Konfliktparteien einen besonderen Akt der Aggressivität oder gar eine bewusste Eskalation provozieren ist eine Lösung oder Deeskalation nicht zu erwarten. Erforderlich ist die beiderseitige Bereitschaft die gegenwärtige Konfliktphase zu verlassen.

Glasl erachtet den Stufen eins bis drei eine Konfliktmoderation und bei den Stufen vier bis sechs eine Mediation als sinnvoll. Ab Stufe sieben muss der Staat mit seinem Gewaltmonopol eingreifen und gegebenenfalls polizeiliche Maßnahmen durchsetzen.

Verdeutlicht am Beispiel der Windkraftanlage lässt sich festhalten, dass Informationen nicht nur Vorbehalte abbauen, sie stiften auch Transparenz und reduzieren so die Komplexität. Ob ein Windenergievorhaben auf lokalen

Widerstand stößt, hängt weniger davon ab, wie störend Windräder empfunden werden, sondern vor allem davon, wie sehr die betroffenen Menschen während des Planungs- und Genehmigungsverfahren in ihren Sorgen und Beschwerden ernst genommen werden. Dieses Bedürfnis nach Teilhabe lenkt den Blick auf die Öffentlichkeitsbeteiligung. Werden die von dem Bürgerwindvorhaben betroffenen Interessengruppen noch vor der formellen, also gesetzlich vorgeschriebenen Beteiligung in die Planungen einbezogen, resultieren weitreichende Mehrwerte. „Das Verfahren gewinnt durch die Teilhabe am Planungsprozess an Legitimität und an Qualität. Die Konsensfindung wird leichter, teure und zeitaufwendige Umplanungen lassen sich so vermeiden." (EnergieAgentur-NRW GmbH, 2014) (Glasl 2010, S. 215-286)

5 Ergebnis mit Handlungsempfehlung

Es ist deutlich geworden, dass es sinnvoll ist mögliche, teils systemimmanente Konflikte zu erkennen und zu analysieren um ihr Auftreten im Idealfall zu vermeiden, bzw. geeignete Maßnahmen frühzeitig einzuleiten. Die Ausgangsfrage dieser Seminararbeit „ (…) Sind außergerichtliche Streitschlichtungsmöglichkeiten erfolgsversprechend?" kann insofern nur bedingt bejaht werden.

Es wurde aufgezeigt, dass die Stakeholder Mediation hierfür wirkungsvoll ist, sofern denn der Wille besteht eine Konfliktzone von vornherein zu vermeiden und eine grundsätzliche Konfliktlösung beiderseits gewollt ist. Dieses muss aber bereits bei konstituierenden Überlegungen und Planungen berücksichtigt werden und setzt ein Gespür für das Erkennen von Konfliktpotential voraus.

Die Analyse von Konflikten mit Hilfe von Glasl Eskalationsschema bietet eine gute Grundlage für die außergerichtliche Streitschlichtung, auch dann, wenn die Konflikte schon bestehen und im Bewusstsein und in der Öffentlichkeit ausgelebt werden. Befindet sich der Konflikt auf einen der ersteren Ebenen und ist die grundsätzliche Bereitschaft zum Verlassen der jeweiligen Konfliktzone gegeben, so verspricht die Anwendung eines Mediationsverfahrens den Weg zur Konfliktlösung. Fälle von gegenwärtige Konfliktlösungsverfahren haben jedoch gezeigt, dass alle Anforderungen für eine Mediation vorliegen müssen. Sobald Abweichungen von vornherein bestehen oder im Verlauf des Verfahrens vorgenommen werden, ist die Konfliktlösung zum Scheitern oder zumindest zum Stillstand verurteilt.

Wie aus Abbildung 7 ersichtlich, lassen sich nach Meinung der Befragten mit Hilfe von Mediationsverfahren tatsächliche Konflikte beilegen, eher als ein Gerichtsurteil dies erreichen kann. Unter der Voraussetzung, dass der Wille zu einer Lösung und die Einhaltung der Regeln bei allen Konfliktparteien vorhanden sind, gilt dies auch als Ergebnis dieser Seminararbeit.

Abbildung 7: Mediation als Konfliktlösungsmöglichkeit

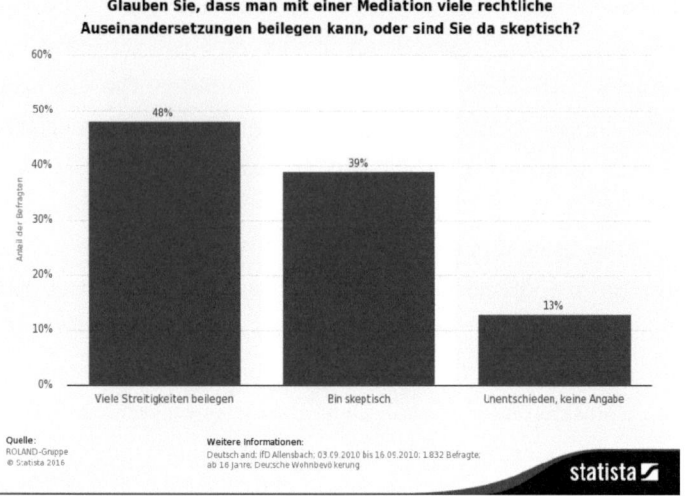

[Quelle: Statista, 2016]

B. Quellenverzeichnis

Literatur

Blankenberg, M. (2016): Energiewende mit erneuerbaren Energien – So gelingt die Herausforderung, 1. Auflage, Hamburg, Diplomica Verlag

Glasl, F. (2010): Konfliktmanagement: Ein Handbuch für Führungskräfte, Beraterinnen und Berater, 9. Auflage, Stuttgart, Verlag Freies Geistesleben

Internet

BundesUmweltPortal - parteiübergreifend & bürgernah / BUP, 2015.
Ausbau Windkraft / ROCK: Konflikt um Windkraft im Landkreis Fulda eskaliert – „Bürgerdialog" nachts mit der Kettensäge
Verfügbar unter: http://www.bundesumweltportal.de/hessen/10-hessen/ausbau-windkraft-rock-konflikt-um-windkraft-im-landkreis-fulda-eskaliert-%E2%80%93-%E2%80%9Eb%C3%BCrgerdialog%E2%80%9C-nachts-mit-der-kettens%C3%A4ge.html
[Aufgerufen am: 26.April 2016]

Bürgerinitiative gegen den geplanten Windpark auf dem Pferdskopf, 2011
Mediation
Verfügbar unter: http://www.bip-treisberg.de/aktionen-der-bip/mediation/
[Aufgerufen am: 05.April 2016]

Centrales Agrar- Rohstoff- Marketing und Energie-Netzwerk, 2014.
Akzeptanz für Erneuerbare Energien – Ein Leitfaden.
Verfügbar unter: http://www.carmen-ev.de/
[Aufgerufen am: 21.April 2016]
Verfügbar unter:
http://www.energiedialog.nrw.de/windenergie-in-buergerhand-buerger-richtig-beteiligen/
[Aufgerufen am: 21.April 2016]

Netzwerk Bürgerbeteiligung, 2015. Erfolg am Runden Tisch, Scheitern in der Praxis? Der Ergebnistransfer als des Dialogs zur Windenergienutzung
http://www.netzwerk-buergerbeteiligung.de/fileadmin/Inhalte/PDF-Dokumente/newsletter_beitraege/nbb_beitrag_kneipp_150709.pdf
[Aufgerufen am 20.April 2016]

oberhessen-live.de, 2016. Trotz Zustimmung: „Schöner Ausblick" stellt „Die Dick" weiterhin in Frage Frage. Windkraftgegner fordern mehr Durchsetzung.
Verfügbar unter: http://www.oberhessen-live.de/2016/02/01/windkraftgegner-fordern-mehr-durchsetzung/#more-50162
[Aufgerufen am: 05. April 2016]

Potsdamer Zeitungsverlagsgesellschaft mbH & Co. KG, 2011.
Garten von Windrad-Gegner zugemüllt
Verfügbar unter: http://www.pnn.de/pm/596255/
[Aufgerufen am: 26.April 2016]

Statista GmbH, 2016. Mediation. Hamburg.
Verfügbar unter: https://de.statista.com/statistik/suche/?q=mediation
[Aufgerufen am: 04. Mai 2016]

Südwestrundfunk, 2016. Staatsanwaltschaft ermittelt gegen vier Jäger
Verfügbar unter: http://www.swr.de/landesschau-aktuell/rp/trier/streit-um-windraeder-am-ranzenkopf-eskaliert-naturschuetzer-mit-der-waffe-bedroht/-/id=1672/did=17296256/nid=1672/fbl641/
[Aufgerufen am: 26.April 2016]

Umweltschutzbundesamt, 2014. Konfliktdialog bei der Zulassung von Vorhaben der Energiewende Leitfaden für Behörden
Verfügbar unter: https://www.umweltbundesamt.de/themen/den-buergern-im-dialog-leitfaeden-fuer-energiewende
[Aufgerufen am: 20.April 2016]